Götz Schwäble

Ebbes zom Lacha 1

Schwäbische Witze

DRW

———— 》...《 ————

Die Witze dieses Bändchens
wurden mit freundlicher
Genehmigung des
Silberburg-Verlags Tübingen, der dort
erscheinenden Monatszeitschrift

SCHÖNES SCHWABEN
Land und Leute

entnommen.

ISBN-3-87181-254-4

7. Auflage 2000
© 1989 by DRW-Verlag
Weinbrenner GmbH & Co.,
Leinfelden-Echterdingen
Zeichnungen: Herbert Günterberg
Gesamtherstellung:
Karl Weinbrenner & Söhne,
GmbH & Co.,
Leinfelden-Echterdingen

Bestellnummer: 254

Inhalt

Aus kleine Kendergoschla...

Klein-Bärbel fragt die Mutter, ob sie zum Abendbrot zu ihrer gleichaltrigen Freundin Suse gehen dürfe. Da fragt die Mutter vorsorglich: »Ja sag mol Bärbele, ischd denn des de Eltern von deiner Suse ao recht, wenn du so oft zom Essa kommschd?«

»Ja freilich!«, entgegnet da die Tochter eifrig, »Dia sagad sogar meischdens wenn i komm: Du hoschd ons grad no gfehlt!«

*

»Edmundle«, so klingt die Stimme der Mutter durch den Hausflur, »ischd dai Baba scho ferdich mitem Ahzieaga?«

»I glaub ed«, tönt Klein-Edmund zurück, »er schwätzt grad mit saim abgfatzda Schuahbändel!«

Tante Elsa ist nach langer Zeit
wieder einmal zu Besuch
gekommen. Die ganze Familie
sitzt an der Kaffeetafel, und es
werden die alten Zeiten wieder
aufgewärmt. Plötzlich fällt der
Tante auf, daß sie der kleine
Peter immer so anstarrt. »Sag
mol Peterle, was gucksch me
denn emmer so ah?« Da reißt
sich der Angesprochene langsam
aus seinen Gedanken und
antwortet: »Ha woischd Dande,
dr Baba hod scho so viel von dir
vrzehld, jetzt hanne hald amol
seha wella, wiea so a alda
Schreckschraub eigentlich
aussieht!«

Der Vater hat den kleinen Ernst
auf dem Schoß und liest aus
einem Märchenbuch vor. Da
unterbricht ihn sein Sproß und
fragt: »Du Baba, was ischd
eigentlich a Königin?«
»Des ischd a mächtiga Frau, ond
älle Menscha mo om se rom
send miassad doa was dui sagd.«
Diese Antwort stimmt Klein-
Ernst nachdenklich. Doch dann
stellt er fest: »Gell Baba,
d Mama ischd beschdimmd ao a
Königin.«

*

S Gerhardle kommt vom
Einkaufen zurück. »Jetzad, hosch
beim Metzger guckt, ober an
Hammelkopf hod?«, fragt ihn
die Mutter. Da gibt ihr der
Sprößling zur Antwort: »Noi,
des ischd ed ganga, weil mie
heut sei Frau bedient hod!«

Tante Berta, in Ehren ergraut, war auf Besuch bei der Familie Peters. Während des Mittagsmahles platzt die kleine Michaela plötzlich heraus: »Dande Berta, wieso hoschd denn du koine Kender?« – Alle Erwachsenen lassen fassungslos ihr Besteck sinken. Doch die Tante Berta hat sich schnell wieder gefangen. »Woischd Michaelale, dr Storch ischd hald emmer an meim Haus vorbei gfloga!« Da trompetet die Kleine unvermittelt los: »Ach du lieabe Zeit, Dande Berta, ja wenn du no an da Storch glaubschd, wondert mie des edda!«

»Mama isch no arg lang, bis dr Nikolaus kommt?«, fragt der kleine Franz besorgt. »Noe Kend«, gibt da die Mutter zur Antwort, »worom frogschd denn?« »Ha woischd«, tönt da Fränzchen zurück, »i sodd hald rechtzeitig wissa, wenn i ahfanga muaß mit Lieabsai!«

*

Werner ist zu Besuch bei seinem Onkel Paul auf dem Lande. Bei einem gemeinsamen Spaziergang durch den Ort begegnet ihnen ein Mönch mit Vollbart und Kutte. Da zerrt der Junge auf-geregt am Arm seines Onkels und ruft laut: »Guckmol do ischd oiner oba Ma ond onda Frau!«

Die kleine Ute ist wieder einmal bei ihrem Opa zu Besuch. Beim Nachtessen schaut sie ständig in sein Gesicht. Da hört der Großvater auf zu kauen und fragt seine Enkelin: »Was guckschd mi denn äwwl so ah?« – Da platzt die Kleine heraus: »Sag amol Oba, worom hoschden du so an rota Zenka?« Verlegen reibt sich der Gefragte seinen fleischigen Riechkolben. »Woischd Ute«, sagt er nach einigem Nachdenken, »i hann hald em Leba scho manche Schläg vrsetzt grieagt.« – Mitleidig entgegnet Klein-Ute: »Ha des ischd aber scho saudomm, daß du diea älle auf dai Nas grieagt hoschd!«

Der kleine Bernd begrüßt des Bruders Freundin Annegret an der Haustüre mit den Worten: »I hann fai gwißt, daß Siea heut kommad!« – »Hoi!«, antwortet da die Besucherin zart errötend, »Hod dai großer Bruader zo dir gsagt, daß i komm?« »Noe, noe«, lacht da der Kleine verschmitzt, »i hanns selber gmerkt, mo mei Bruader s Bild von dr Ursula em seim Zemmer wegdoa ond no Ihr Bild aufgschdellt hod!«

Klein-Günter sollte sein Schwesterlein vom Kindergarten abholen, weil die Mutter einen Termin beim Zahnarzt hatte. Vorsorglich hatte sie den beiden noch ein Ripple mit Brot auf dem Küchentisch bereitgestellt, für den Fall, daß sie später nach Hause kommen würde. Und prompt war das Vesper bei ihrem Eintreffen verputzt. »Hosch ao ahstendig mit deim Schwesterle deilt?«, will sie vom Günterle wissen. »Freilich«, nickt dieser eifrig, »i hann hald wega dem harta Knocha des Ripple gessa, ond de Jong hod des weiche Brot gmampft!«

Als dem kleinen Stephan gesagt wurde, daß ein Schwesterchen angekommen sei, schüttelte er nachdenklich den Kopf und sagte dann mißtrauisch: »Des glaub i ed, daß dr Storch extra wega ma kloina Mädle im Winter vom Süda wieder raufgfloga ischd!«

*

»Ja Günterle, sag amol, jetzt hoschd du da ganza Schoklad alloi gessa!«, schimpft die Mutter ihren Sprößling, »Hoschden überhaupt ed an dai Brüaderle denkt?« »Freilich Mama«, nickt da der Kleine eifrig, »de ganz Zeit hanne denkt, hoffentlich kommd der ed zbald zor Dier rai!«

Die Oma bringt das kleine Peterle zu Bett und fordert ihn zum Nachtgebet auf. Und als er neben der Oma nur noch die Mutter in seiner Fürbitte erwähnt, rügt ihn die Großmutter mit folgenden Worten: »Aber Peterle, du muaschd doch dain Baba mit ens Gebet aischlieaßa!« »Des hod Mama heid obend scho gmacht!«, kräht der Kleine fröhlich, »Do hod se nemlich da Baba ganz schee ens Gebet gnomma, weiler wieder bsoffa hoimkomma ischd.«

Die kleine Steffi kommt mit verheulten Augen und zerrissenem Pulli nach Hause. »Ja Kend, was ischd denn mit dir bassiert?«, fragt die besorgte Mutter. »Dr Markus hod mi so arg vrschlaga!«, heult da die Tochter los. Der Vater blickt mißbilligend von seiner Zeitung auf und fragt: »Ja Steffi, hoschd du di denn ed gwehrt?«. Da antwortet die Kleine trotzig: »Doch, aber hald scho vorher!«

Von Schualmoischder
ond no gscheitere
Herra…

Der Herr Lehrer fragt die Klasse
nach einem Beispiel, wie sich
Sünden der Väter und Vorväter
an der jetzigen Generation
auswirken können. Da meldet
sich der kleine Uli: »Wenn mai
Baba mir da Aufsatz schreibt,
ond i von ihne an Segser grieag!«

*

Der alte Lehrer versucht
den Kindern den Begriff
»Schwätzer« zu verdeutlichen.
Zu diesem Zweck fragt er die
Klasse: »Wenn oiner emmer
schwätzt ond schwätzt ond
schwätzt, ond koiner intressiert
sich dofür, wiea sechd mer zom
dem?« – Da schnippt der kleine
Bruno heftig mit dem Finger
und ruft: »Des ka bloß an
Lehrer sai, Herr Lehrer!«

Der Lehrer will anhand von Beispielen die Schwere der einzelnen Delikte und die Höhe der daraus resultierenden Gefängnisstrafen erläutern. Und so beginnt er zu erzählen: »Ich höre plötzlich nachts ein Geräusch. Vorsichtig stehe ich auf und öffne die Tür zum Flur. Da entdecke ich in meinem Wohnzimmer Licht. Ein maskierter Mann steht vor meinem Wandschrank und plündert ihn aus. Plötzlich erscheint hinter mir ein zweiter Mann und schlägt mich mit einem schweren Hammer nieder, so daß ich bewußtlos zu Boden sinke. – Nun liebe Kinder, was meint ihr, gibt es da?« – Eifrig meldet sich der kleine Wolfgang zu Wort: »I woiß Herr Lehrer. – No gibts schualfrei für ons!«

Der Besuch des Schulrates war angekündigt. Die Mutter ist nervöser als ihr Sohn. Sie hat ihrem Reinerle sein schönstes Anzügle herausgelegt. Fünf Minuten vor Beginn der Schulstunde schlendert Klein-Reiner in aller Gemütsruhe aus der Wohnung. Ahnungsvoll wird er von der Mutter noch gefragt, ob er sich auch ordentlich gewaschen habe. »Klar«, gibt der Sohn lässig zur Antwort, »aber bloß des, was rausguckt!«

Große Aufregung bei den Erstklässlern – der Schulrat besuchte überraschend den Unterricht. Die junge Lehrerin fühlte sich verpflichtet ihren Schützlingen, so gut es geht, zu helfen. Der Schulrat stellte seine erste Frage: »So liebe Kinder, kann mir jemand sagen, was 9 minus 8 ist?« Die Lehrerin stellte sich hinter den Schulrat und streckte einen Finger nach oben. Da fuchtelte der Klaus aufgeregt mit der Hand, und sagte, als ihn der Schulrat aufrief: »I glaub, onser Lehrere muaß aufs Klo!«

Beim Klassentreffen unterhalten sich die Ehemaligen angeregt über die Erfüllung ihrer Jugendträume. Nur der Gottlob stiert stumpfsinnig vor sich hin. Da spricht ihn sein früherer Nebensitzer Ferdinand an. »Ja on du Gottlob, was ischd von daine Jugendtraim eigentlich en Erfüllung ganga?« Da zuckt der Gottlob müde die Schultern. »Ach eigentlich bloß oiner. – I hann mir doch früher, mo mi dr Lehrer emmer an de Hoor zoga hod, gwenschd, daß i a Glatze hätt!«

Der Herr Professor kauft jeden Morgen auf dem Weg zur Uni in einem Schreibwarengeschäft seine Zeitung. Doch eines Tages hat er kein Geld bei sich. »Des ischd doch ed schlemm, no zahlad ses hald morga«, bietet die gutmütige Chefin dem Herrn Professor an. »Ja guada Frau, was ischd no, wenn i morga früha nemme leba däd?« »Ach was«, winkt da die Angesprochene bescheiden ab, »no ischd ao ed viel hee!«

Professor Märkle bemüht sich
während einer Vorlesung redlich,
seinen Studenten etwas beizu-
bringen, doch er scheitert immer
wieder. Da platzt ihm plötzlich
der Kragen: »Also heidzudag
glaubd doch jeder Idiot, daß er
schdudiera ka. Wenn i an früher
denk, do ben i en onserer
Gemeinde dr Oinzige gwäa!«

*

Der Lehrer fragt, ob denn einer
der Schüler jemand kenne, der
Angst habe. Da meldet sich der
kleine Sven eifrig. »Mai Baba,
Herr Lehrer! – Der hod nachts
Angschd alloi zom sai.« – »Aha«,
fragt der Lehrer zurück, »ond an
was hoschd du des gmerkt?«
»Ha, weiler emmer bei dr
Nochbere schloft, wenn mai
Mama amol ed drhoim ischd!«

Schwer t goscha
ond

Schwätzdäscha...

Zwei ältere Damen stehen am Straßenrand und beobachten, wie eine prächtig geschmückte Hochzeitskutsche vor der Kirche vorfährt. »Hoschd des ao gseha. – Dui Braut war käsweiß em Gsicht ond ischd ganz langsam glaufa.« »Des ka ja ao ed anders sai«, sagt da die andere, »dui ischd dem johrelang nochglaufa, bis se den ghedd hod!«

Frau Mühleisen, die alte Gift-
spritze, trifft auf ihrem Gang zur
Kirche Herrn Neureich mit
seiner Gattin beim Schaufenster-
bummel. Mit süßem Lächeln
sagt sie zu den beiden: »Gell des
ischd schee, wemmer ao amol
wieder zu Fuß onderwegs sei
ka!« »Da habbad Se rechd Frau
Mühleisen, ond gsund isch drzu
na!«, flötet Frau Neureich
zurück. Da preßt sich die
Mühleisin ihr Gesangbuch vor
die Brust: »No wollad mir bloß
hoffa, daß Ihr Vrhandlung no
ned so bald ischd, gell Herr
Neureich!«

Bettina, die junge Klatschbase, hängt bereits seit eineinhalb Stunden mit ihrer besten Freundin am Telefon. Als sie durch das Fenster den Wagen ihres Freundes nahen sieht, beendet sie hastig das Gespräch mit den Worten: »Also i muaß jetzt dapfert Schluß macha. I hann dir jo ao scho meh vrzehlt, als i überhaupt erfahra hann!«

Die Schwertgosch Frieda verliert
einen Beleidigungs- und
Verleumdungsprozeß. Sie wird
zur Zahlung von 800 Mark
Schmerzensgeld an die Klägerin
verurteilt. Vor dem Gerichtsge-
bäude treffen die beiden Kontra-
hentinnen zufällig aufeinander.
Fröhlich grinst die Gewinnerin
der Frieda ins Gesicht. »Gell
jetzt hodders d Schbroch
vrschlaga?« – »Oh narr, i wüßt
no gnuag«, giftet da die Frieda
böse zurück, »bloß bei dene
Preis halde lieaber mai Gosch!«

Ein älteres Fräulein kommt zum Taxi gelaufen, reißt die Beifahrertür auf und läßt sich schwer atmend ins Polster sinken. Der Taxifahrer sieht sie gelassen an. »Fahrad Se scho endlich los mit Ihrer Schrottkischd«, giftet sie ihn an. Da lächelt der Fahrer freundlich zurück und sagt: »No missad Sie mir aber zerschd saga, wo i den Schrott ablada soll!«

Eine stadtbekannte Klatschbase
trifft auf ihr nächstes Opfer.
»Hend Se denn ao scho ghört,
daß d Frau Maierling gschdorba
ischd? Se hod scheints Gehirn-
hautentzündung ghed!« »Ach
was«, kommt die reservierte
Antwort. Doch die Schwätz-
däsch hakt eifrig nach: »Jo, jo,
des ischd a ganz heimtückische
Krankheit. Also entweder mer
stirbt, oder mer wird blöd.
I kenn mi do aus. Wissad Se, i
hann des jo ao scho ghabt!«

Martina und Inge unterhalten sich über Gewichtsprobleme. Da seufzt Martina: »Emmer wenn i mie am Sonndag wieg, hanne bald wieder zuagnomma.« – »Du sollteschd hald ao ed soviel zom Tanza ganga!«, gibt ihr da Inge den gutgemeinten Rat, »Des ewige Sitza duad dir hald gar ed guad!«

*

Fräulein Breitmaier trifft in der Metzgerei ihre Nachbarin. »Ach Frau Bäuchle, kürzlich han i gseh, daß jo ihr Mann wieder drhoim ischd!« »Jo, Fraila Breitmaier, er war segs Wocha vrreist.«
»I hanns ghört«, flötet da die Breitmaier zuckersüß, »hodder wenigschdens a guada Aussicht ghed, aufem Hohaasperg?«

Schmerz laß noch dr Doktor kommt...

Der Schmied-Bauer sitzt im Wartezimmer beim Arzt und blättert in einer Illustrierten. Da kommt noch ein anderer Patient dazu und es entspinnt sich folgende Unterhaltung: »Hoi!«, fragt der Neuankömmling den Johann, »hend Se Sandala ah?« – Etwas irritiert läßt Johann seine Lektüre sinken und fragt: »Send Sie a Schuahmacher, weil Se do so an Blick drfür hend?« »Noe«, erwidert dieser, »mir ischs hald aufgfalla, weil Ihre Füaß so stenkad!«

Eugen geht wegen seiner rot-
blauen Nase zum Arzt. Nach
einer eingehenden Unter-
suchung fragt der Mediziner den
Patienten, ob er denn wisse,
woher seine gefärbte Nase
komme. Da antwortet Eugen
wie vom Bogen geschnellt: »Ha
klar Herr Doktor, des kommd
von dr Sonne!« »So, so«, ant-
wortet der Arzt mit süffisantem
Lächeln, »von dr Sonna. Aber i
glaub i hann Siea ao scho a
baarmol end Krona ond en Löwa
naiganga seha!«

Eine Touristin kommt zum alten Landarzt und jammert: »Seit ich hier bin habe ich Gliederschmerzen, Kopfweh, Magenkrämpfe, Durchfall, Gallenkoliken, Nierenschmerzen und Stiche im Herz. Bitte Herr Doktor sagen Sie mir, was mir fehlt!« Der Arzt kratzt sich nachdenklich am Kinn. »Ja, wenn mers recht ischd, fehlt Ihne nix. Siea hend ällas, was mer grieaga ka!«

*

Der alte Landarzt besucht wieder einmal den gichtkranken Gotthold in seiner Wohnung. »So Gotthold, was macht dai Übel?« – Da antwortet der Angesprochene brummig: »Dui ischd grad en dr Stadt beim Eikaufa!«

Die Oma ist schwer erkrankt.
Der Arzt wird gerufen, der dann
mit seiner Medikamenten- und
Gerätetasche im Schlafzimmer
der Patientin verschwindet. Die
Familie wartet besorgt im Wohn-
zimmer auf die Diagnose.
Da kommt der Arzt wieder aus
dem Krankenzimmer heraus und
verlangt ein Stück Draht. Kurze
Zeit später bittet er um eine
Beißzange. Als er dann schließ-
lich zum dritten Mal erscheint
und nach einem Brecheisen
fragt, sinkt der Opa aufs Sofa
und fragt tonlos: »Om Hemmels
Willa, Herr Doktor, was hod se
denn?« Da antwortet der Doktor
wütend: »Woher soll denn i des
wissa. – Bis jetzt hanne jo no ed
amol mai Dasch aufbrocht!«

Eine auffallend gut genährte Frau betritt den Vorraum der Arztpraxis. Die Angestellte will die Personalien der Patientin aufnehmen und fragt:

»Zuname?« Da stöhnt die Dame: »Drei Kilo en oira Woch!«

*

Der in langen Jahren ergraute Landarzt sitzt am Stammtisch im Adler. Man trinkt und schwätzt. Es geht darum, wer am meisten arbeiten muß. Da sagt der Arzt zum Malermeister Hampel: »Du hosch guad, du brauchschd bloß d Farb abkratza ond kaschd schaffa!« – Da antwortet Hampel: »Ha, du kaschd jo grad dei Gosch halda, du hosch besser, Doktor, bei dir kratzad d Patienta selber ab!«

Der alte Bertram liegt seit Tagen mit hohem Fieber im Bett. Die Familie sorgt sich um sein Befinden und ruft schließlich den Arzt aus der Stadt. Dieser befragt den guten Bertram nach seinen Leiden. »Ach Herr Doktor«, stöhnt der Gefragte schwach, »i hann hald äwwl so arg Durscht!« – »Ja, ja«, murmelt der Arzt zerstreut, »ich werde Ihnen gleich etwas gegen dieses Durstgefühl verschreiben.« – Da richtet sich der alte Bertram mühsam auf und sagt entsetzt: »Gebad Siea mir lieaber a Mittel gega des Fieaber. Gega da Durschd hanne selber Mittala em Haus!«

»Hoi Eugen, ja was, bischd du onder de Vornehme ganga, weil du auf oimol mit ra Zigarettaschbitze rauchschd?« »Noe«, erwidert der Angesprochene gelassen, »aber i hann maim Doktor vrschbrecha miassa, daß i koi Zigarett meh ens Maul nemm!«

*

Der Alt-Bürgermeister sitzt im Friedhof in der Sonne und sinnt über Gott und die Welt nach. Da sieht er, wie der Dorfarzt den Friedhof betritt und langsam durch die Reihen der Grabsteine geht. Als er etwa auf gleicher Höhe ist, spricht ihn der Bürgermeister schlitzohrig lächelnd an: »So, Herr Doktor, machad Se grad Inventur?«

Der Psychiater rät seinem Patienten, der unter starker Nervosität leidet, daß er doch in seiner Freizeit angeln solle, was erwiesenermaßen beruhigend wirke. Beim nächsten Sprechstundentermin ist der Mann noch erheblich nervöser geworden. Der Psychiater ist fassungslos. »Ich kann mir das nicht erklären«, gesteht er offen. »Aber i!«, antwortet darauf der Patient unter einigen nervösen Zuckungen, »I hann nemlich koin Angelschei!«

Der schnell zu Geld gekommene Herr Böckle gibt einen Empfang. Gegenüber von Frau Böckle sitzt ein Arzt. »So, so, ond Sie send also Zahnarzt«, fragt ihn die Hausherrin. »Noe, i ben Allgemeinarzt. – Wiea kommad Se denn do drauf, Frau Böckle«, sagt verwundert der Gast. »Ha des isch jetzt ao komisch.«, gibt die Gastgeberin zurück, »Mein Mann hod zo mir gsagt, wer sich bei Ihne behandla ließ, dem däd bald koi Zahn mehr weh!«

Von oine wo sich mögad, oder ao ned....

Günter stellte seine neue Freundin Gabi zum ersten Mal den Eltern vor. Sie wurde recht reserviert empfangen.

Als Günter Gabi mit dem Auto nach Hause brachte und danach zu den Eltern zurückkehrte, fielen sie über ihn her mit den Worten: »Was hoschd du denn do für oina drhergschloift?«, und »Ha no a größere Zuddl hedschd ed vrwischa kenna!« Da wirds dem Sohn zu dumm: »Jetzt will i euch amol ebbas saga: Mit dem alda Karra mo mir hend, grieagschd heud hald nix Bessers!«

Der besorgte Vater ruft seine Tochter zu einem Gespräch unter vier Augen. »Mir hod vorher jemand ahgruafa ond erzählt, du seieschd geschdern obend mit ma Türka en ra Diskothek gseha worda, ond der hätt di schdändig abknutscht. – I hann dir doch ausdrücklich gsagt, du solleschd no ed mit Kerle romknutscha!« – »Des hannem i jo ao gsagt«, meint da das Töchterlein mit einem unschuldsvollen Augenaufschlag, »aber der hod mie ed vrschdanda, weil i koi Türkisch ka!«

Gabi erzählt ihrer besten Freundin von den Heiratsplänen mit Karl-Heinrich. »Ach du lieabe Zeit, der ischd doch so groß«, gibt die Freundin zu bedenken. Doch die Gabi strahlt sie leutselig an: »Des ischd ed schlemm, den werd i scho klei grieaga!«

*

Die Bäckersfrau rügt ihre Tochter, nachdem der letzte Kunde den Laden verlassen hat. »Du Heidi, des gfällt mir fai gar ed, daß du mit dem jonga Rechtsahwalt emmer so rom duaschd!« – »Ach Mama«, wehrt da die blonde Heidi fröhlich ab, »mir machad doch bloß Spaß.« »Des isch jo grad«, entgegnet die Mutter mißmutig, »mir wär viel lieaber, ihr dädad ernschd macha!«

Wenige Tage vor der Hochzeit
ihrer Tochter Gabi ringt sich die
Mutter schweren Herzens dazu
durch, einige Worte der Auf-
klärung an die junge Braut zu
richten. Und so beginnt sie also
nach langem Überlegen mit dem
Satz: »Gabilein, wenn du jetzt
no vrheiraded bischd, werd i jo
wohl bis en oim Johr Oma sai!«
»Noe Mama«, widerspricht da
die Tochter sanft, »scho en ma
halba Johr!«

Die blonde Doris schluchzt:
»Mama, i hann mit meim
Vrlobta so arg Händl ghed. Jetzt
woiß i ed, obe ed doch noch-
gebba soll.« Da streicht ihr die
Mutter sanft übers Haar und
sagt: »Domms Kend. Vor dr
Hochzeit muaschd du noch-
gebba, und drnoch er!«

*

Der Mutter behagt es nicht, daß
ihre Tochter unentwegt ihre
Nase in die Bücher steckt. »Oh
Kend, du brauchschd doch ed so
viel lesa. Woischd de Männer
ischs ned so recht, wenn dia
Fraua so gscheid send!« Die
Tochter blickt kurz auf und sagt
dann sehr bestimmt: »En dainer
Jugend velleicht, aber heid
ischdd des oifach anders!«

Görlachs Frieder fährt mit seinem neuen Sportrad durch den Stadtpark. Vor ihm sieht er ein junges Mädchen fahren. Da sie sehr hübsch ist fährt er eine gute Weile auf gleicher Höhe mit ihr und lächelt fortwährend zu der Schönheit hinüber. Plötzlich spricht sie ihn an: »Könnad Se ao a Weile freihändich fahra?« Worauf der Frieder stolz erwidert: »Ha freilich! Worom frogad Se?« – Da bekommt er zur Antwort: »Weils an dr Zeit ischd, daß Sie Ihr Dascheduach rausnemmad ond Ihr Rotznas abbutzad!«

An einem warmen Sommer-
abend sitzt der schüchterne
Georg mit seiner neuen Flamme
auf einer Parkbank. Zaghaft
nimmt er ihre Hand und fragt
leise: »Du Rösle, wär i dr
erschde, mo di om an Kuß
bitta däd?«
»Ja freilich«, entgegnet da die
Gefragte eifrig, »de andere hend
do niea gfrogd!«

*

Susi ruft ihre beste Freundin an:
»Stell dir vor, i hann an jonga
Bankkaufmann kennaglernt, ond
der hod mi jetzt scho noch drei
Dag gfrogt, ob i ehn heirada
well! – Was sechschd denn do
drzua?« »Sag sofort jo«, rät ihr
die besorgte Freundin, »bevor er
di no genauer kennalernt!«

Der Thomas trifft seinen Klassenkameraden Bernd zufällig beim Einkaufen: »I hann ghört, du heddeschd mit dr Petra Schluß gmacht. – Wieso denn des?« »Ha«, gibt da der Angesprochene mürrisch zurück, »dui hod mie bloß dr ganz Dag romkommandiert, wega jeder Kleinigkeit hod se mie ahgschriea, a baar Mol hod se mir sogar oina and Gosch nahghaua, ond mo se no gsagt hod, daß se jetzt doch lieaber da Reuscha Georg heirad, no hanne denkt, ha, des brauchschd dir jo ed gfalla lassa!«

Nachts um 2 Uhr überrascht Vater Hempel seine blutjunge Tochter, wie sie nach Hause kommt. Da liest er ihr gehörig die Leviten. »Was glaubschden du eigentlich! – I hann zo dir gsagt ghedd, du solleschd am Elfe drhoim sai, ond jetzt ischs Zwoi! – Du bischd erschd fuffzehn Johr alt, ond hoschd scho an feschda Fraind! – Vor lauder Kerle em Kopf, hoschd du geschdern eddamol deiner Mudder zo ihrem dreißigschda Geburtstag graduliert.«

Kaffeekränzles-, Wirtshaus- ond Stammtisch- gschwätz…

Am Stammtisch fragt Eugen den Walter, wie man denn wohl am wirkungsvollsten eine Vogelscheuche fabriziere. Doch Walter zuckt nur müde mit den Schultern. »Des woiß i ao ed, weil i koina brauch.« Doch der Eugen läßt nicht locker. »Ha des vrschdande jetzt ao ed, mir fressad diea Vögel älle meine Beerla weg ond zupfad diea jonge Pflänzla raus. Ond dain Garda ischd jo no größer wiea mainer, wiea machschd du des no?« »Ha woischd«, entgegnet da der Walter gelassen, »mai Schwiegermuadder ischd dr ganz Dag em Garda, do draut sich eddamol an Vogl rai!«

Ferdinand kommt wütend in die Gastwirtschaft gelaufen und haut dem Wirt kräftig eine runter. Verdutzt reibt sich dieser seine Gesichtshälfte und fragt ratlos: »Ja Ferdinand, was hann dr denn i doa, daß du mi schlägschd?« – »Des ka i dir saga!«, brüllt da der Wütende zurück. »Mai Dokter hod gsagt, i hedd Wasser en de Fiaß. Ond do i meiner Lebtag no koi Wasser gsoffa hann, kas bloß so sai, daß du dein Wai pantschd hoschd!«

Werner sitzt am Stammtisch und sinniert über seine Ehe. »Mir langad des fai, was mei Weib mit end Ehe brocht hod!« »So«, fragen die Umsitzenden interessiert, »worom, was hod se denn ällas mitbrocht?« – »Ha an Hausfreund und a Kend!«

*

Es ist Freitagabend. Zwei befreundete Kollegen lassen in einer nahegelegenen Bierbar die Arbeitswoche ausklingen. Nach dem siebzehnten Glas Pils stellt der eine plötzlich sein Glas hart auf den Tisch und lallt den anderen energisch an: »Du Hartmut, hör sofort auf mit saufa. – Du vrschwemmscht jo scho ganz!«

Als der Kehrer-Karl nach dem
überraschenden Tod seiner Frau
zum ersten Mal wieder an der
Stammtischrunde teilnimmt,
wird er von seinem Freund
Hans-Jörg sehr pietätvoll
gefragt, was denn zu dem frühen
Hinscheiden seiner Gattin
geführt habe. »Des ischd bloß
komma, weil sie äwwl ällas
besser gwißt hod!«, ereifert sich
der Witwer nachträglich.
»I hann no zo ihra gsagt: Laß
diea selber gsammelte Pilz über-
prüafa. – Aber noe, se hod an
Silberlöffl mitkocht, ond weil
der ed ahglaufa ischd, seiad diea
Pilz en Ordnung.« »No ka ma
do also ed drauf ganga?«, hakt
der Hans-Jörg nach. »Eigentlich
scho«, gibt der Karl zurück,
»aber onsre Löffl sind doch aus
Chromargan!«

Zwei Männer sitzen auf dem Barhocker an der Theke und unterhalten sich: »Wissen Sie, wenn ich einmal so richtig durchgezecht habe, fühle ich mich am anderen Morgen wie gerädert. Ist das bei Ihnen auch so?« – »Noe«, erwidert der Gefragte gelassen, »i ben jo no ledig!«

*

In der Runde seiner Stammtischbrüder jammert der Eugen, daß er immer so viel schaffen müsse. Da platzt seinem Gegenüber der Kragen und er schimpft los: »Was woischd denn du vom Schaffa! – Du hoschd doch no niea dreckade Fenger grieagt, außer vielleicht amol beim Hendera butza!«

Der Peter wankt nachts von einem ausgedehnten Kneipenbummel nach Hause. Unterwegs trifft er seinen Geschäftskollegen Robert auf einer Gartenmauer sitzend. Sein Hemd ist zerrissen, seine Unterlippe und zwei Platzwunden bluten, und der rechte Vorderzahn ist ausgeschlagen. »Oh Gott!«, stöhnt der Peter mitleidsvoll, »du siehschd jo furchtbar aus. Komm, i breng de dapfert hoim!« Da schreckt der Robert entsetzt zurück: »Bloß ed! – Dui hod mi jo grad so zuagrichdad!«

Zwei Freundinnen unterhalten sich beim Kaffeekränzchen. »Du sag amol Irene, worom kommt denn dain Alter nemme zom Stammdisch en da Ochsa?«
»Weilen kuriert hann«, verkündet die Irene stolz.
»Woischd mo der s letschde Mol wieder so bsoffa hoimkomma ischd, hanne bloß leise gfrogt: Heinzi, bisch dus?«

Über Religion
ond Geistlichkeit…

Der Gemeindepfarrer selbst hilft
im Saal des Gemeindehauses mit,
um eine Kunstausstellung vorzu-
bereiten. Der kleine Frieder
weicht nicht von seiner Seite.
Nachdem der Seelsorger nun
bereits das 15. Bild aufgehängt
hat, wendet er sich mehr
verzweifelt als fröhlich an den
Kleinen. »Jetzt Friederle, sag
amol, was gucksch denn emmer
so zua? – Willschd von mir
lerna, wiea ma Nägel end Wand
schlägt?« – »Noe, Herr Pfarrer«,
gibt da der Frieder ehrlich zu,
»i möcht bloß höra, was an
Pfarrer ao sagd, wenner sich auf
da Dauma ghaua hod!«

Der Herr Pfarrer fragt im Religionsunterricht die Schüler nach ihren morgendlichen Gebeten. Da meldet sich die brave Sabine zu Wort: »I bet jeden Morga, daß i ao guad über dui Hauptschdroß komm, weil doch do emmer so viel Vrkehr ischd!« Der Herr Pfarrer freut sich sehr. »So ischs recht Sabinale.« Und dann wendet er sich an den gelangweilt dasitzenden Stefan. »Und du Stefan, beteschd du ao am Morga?« Der Stefan schüttelt kurz den Kopf und sagt dann: »Noe, Herr Pfarrer, i gang doch durch dui Onderführung!«

Der Herr Pfarrer müht sich im Religionsunterricht, seinen Schützlingen das Wort Gottes nahe zu bringen. »Peterle, sag du mir: Was ist das sichtbare Zeichen der Taufe?« – Da antwortet ihm der kleine Peter strahlend: »Ha s Kendle natierlich, Herr Pfarrer!«

*

Der Religionslehrer versucht der Klasse zu erklären, daß sich Ehepartner im Laufe der Jahre ähnlicher werden, und sich auch einander anpassen. Ob denn jemandem ein Beispiel hierzu einfallen würde. Da meldet sich der altkluge Hans-Jürgen: »Mai Oma ond mai Oba ergänzad sich super. – Mai Oba schnarcht fürchterlich, ond mai Oma hört nix meh!«

Der Dorf-Pfarrer sitzt im
Löwen beim Sonntagsbraten.
Ärgerlich sinnt er darüber nach,
wie er dem Wirt eins aus-
wischen kann, weil der nie im
Gottesdienst ist. Als sich der
Wirt schließlich zu ihm setzt,
tupft sich der Geistliche mit der
Serviette den Mund ab und sagt:
»Löwawirt, wenn i guad essa
will, no muaße oifach ens Lamm
nomm ganga!« Da nickt der
Wirt bedächtig. »Siea hends
guad, Herr Pfarrer. Wenn i a
gscheide Predigt höra will, no
muaße glei end Schdadt
naifahra!«

Der Herr Pfarrer besucht ein
goldenes Hochzeitspaar und sagt
mit freundlichem Lächeln:
»Jetzt sind Sie also 50 Jahre
glücklich verheiratet.« Da bestä-
tigt die goldene Hochzeiterin:
»Ja, Herr Pfarrer, i ben glück-
lich.« Während ihr Mann er-
gänzt: »Ond i ben vrheiraded!«

*

Der Herr Pfarrer fragt im Reli-
gionsunterricht die Schüler, ob
ihm jemand ein Beispiel nennen
könne auf das Zitat, daß das Ge-
ben seliger sei, als das Nehmen.
Da meldet sich der junge Her-
mann und sagt: »An Boxer ischd
zom Beischbiel seliger, wenn er
em andera an Leberhoka geba
ka, als wenn er von dem an
Schwenger ahnemma muaß!«

Der alte, leidgeprüfte Pfarrer hat
anläßlich der Trauerfeier für den
verstorbenen Jäger Toni wieder
einmal eine volle Dorfkirche.
Durch die Blume will er den
mangelnden Kirchenbesuch
anmahnen und wendet sich also
an den aufgebahrten Sarg. »Toni,
du warst bei uns allen sehr
beliebt, doch bist du leider nie
bei mir in der Kirche gewesen.«
Da tönt eine Stimme aus der
Trauergemeinde: »Der wär ao
jetzt ed do, wemmern ed zo
segsd raigschloift heddad!«

Kaplan Schmied versucht den Schülern den Sinn des täglichen Gebetes zu verdeutlichen. »Also Kender, jetzt sagad amol, worom mir da lieaba Gott bittad: Unser täglich Brot gib uns heute? – Ma könnt doch vielleicht ao saga s monatlich oder s wöchentlich Brot. – Worom also täglich?« – Da reißt der Bastian seinen Arm hoch: »Ha narr, Herr Kaplan, wenns altbacha ischd, wills koi Sau mei!«

Rond
omd Ehe…

Nach seiner Hochzeit bemerkt der Hartmut, wie seine Sonja immer mehr die Befehlsgewalt übernimmt. In seiner Verzweiflung geht er zur örtlichen Bibliothek. Er hat Glück, es ist gerade kein anderer Besucher da. »Also wissad Se, des ischd so:«, versucht er drucksend seinen Wunsch zu äußern, »i suach a Buach mo drenn stohd, wiea sich dr Mann die Frau untertan macht!« Der altersgraue Bibliothekar nickt verständnisvoll und lächelt Hartmut mit weiser Miene an: »Ja, guader Mann, do gangad Se am beschda en onser Märchenbuchabteilung!«

Es war schon hellichter Tag, als Siegfried, mit einem ziemlichen Dampf im Gesicht, auf unsicheren Beinen das gemeinsame Schlafzimmer betrat. Darauf hatte seine Lina schon lange gewartet. »Was, du wagschd di morgens om halbachte mit sora Boll zom hoimkomma? – A ahschdendicher Ma duad so ebbas edda!« – »Do muaschd jo saufa«, wehrt er entrüstet ab, »wenn de a Weib hoschd, mo em morgnads om halbachte no em Neschd liegt!«

Günther und Heinz, zwei alte Freunde, treffen sich in der Stadt. »Du Heinze, guad daß i di sieh, geschdern hann i ao dai Weib a Beißzang ghoißa!« – »Ja se hod mirs erzählt«, erwidert da der Heinz fröhlich grinsend. »S ischd guad gwäa, daß dus ihr ao mol gsagt hoschd, mir glaubd ses jo ed!«

*

Zwei Freunde im Gespräch: »Du Eberhard, geschdern ischd ao em Fernseha komma, daß en Australia diea Männer ihre Fraua erschd noch dr Hochzeit richtig kennalernad!« – Resigniert zuckt der Angesprochene mit den Schultern. »Des ischd doch bei onsere Fraua ao ed anders!«

Der Gerichtsvollzieher steht wieder einmal vor der Haustüre. »Grüß Gott Frau Baumann, ischd ihr Mann drhoim?« »Ja, dohenna hockder!«, nickt die verhärmte Frau. »Prima«, freut sich da der Gerichtsvollzieher, »no kane jo heid endlich diea fenfhondert Mark hola, mo ihr Ma seit Monate scho zahla sodd.« Da schüttelt die Frau bedauernd den Kopf. »Machad Se sich no koine falsche Hoffnunga. Glaubad Siea denn em Ernschd, daß mai Ma drhoim romhocka däd, wenner a Geld en de Fenger hätt?«

»Bua«, sprach der Vater zu seinem Sohn, »morga wird dr schönschde Dag en deim Leba sei!« – »Ha noe, Baba«, wendet da der Sohn verwundert ein, »i heirat doch erschd übermorga!« Da nickt der Vater weise und sagt: »Grad deshalb!«

*

»Du bischt a Rendvieh!«, verkündigte der langjährige Ehemann Robert seinem heiratswilligen Kollegen. »Ja glaubschd denn du vielleicht i hedd gheiradad, wenns früher scho ferdiche Salad, Soßa, Schbätzla, Pudding, aufgschniddes Brot, Spülmaschena, Trockner ond büglfreia Wesch hedd zom kaufa gebba?«

Bernd und Susi feiern ihren ersten Hochzeitstag. Auf Susis Frage, ob er denn seinen Entschluß zur Heirat noch nicht bereut habe, sagt er: »Früher ben i emmer flott drher komma. Aber heut hann i Löcher en de Strümpf, lauf en ohbügelte, verknitterte Kloider rom ond fascht überall fehlad a baar Knöpf!« Worauf die Susi mit einem unschuldigen Augen-aufschlag flötet: »Aber Berni, vor mir brauchschd du di doch ned scheniera!«

Der Veit gratuliert seiner Ange-
trauten zum Geburtstag. Und er
endet mit folgenden Worten:
»...ond mai Gschenk wird
dodrzua beidraga, daß du dir
beim Schbüala niea meh d Händ
naß macha muaschd.« Glücklich
umarmt die Kätter ihren Veit
und stammelt: »Oh, du bischd
doch dr beschde aller Ehe-
männer, jetzt hoschd du mir a
Gschirrschbüalmasche kauft!«
»Ha, des ed grad«, wehrt da der
Veit bescheiden ab, »aber a Bärle
Gommihandschuha!«

So gohds bei Chefs ond en de Büros zua…

Ein Geschäftspartner wurde vom Vater zum Mittagstisch eingeladen. Es gab Lammrücken mit Petersilienkruste. Mißtrauisch stochert der kleine Thomas in seinem Fleischstück herum. Schließlich blickt er mit großen Augen seinen Vater an und fragt: »Du sag amol Baba, ischd des jetzt a Rendfloisch?« – »Noi, Lamm.«, gibt der Gefragte verwundert zur Antwort. »Worom frogsch denn Bua?« – »Ha, weil de geschdern gsagt hoschd, du brengeschd heid amol a richtigs Rendviech zom Essa!«

Der Zufall will es, daß Brösel
mit seinem alten klapprigen
Kleinwagen neben der Chef-
limousine auf dem Firmenpark-
platz zum Halten kommt. Der
Chef besieht sich den Brösel-
wagen von allen Seiten und sagt
schließlich zu ihm: »Mein lieber
Freund, der Waga hod aber scho
einige Jahre aufem Buckel.«
»Ja freilich, Herr Direktor«,
nickt da Brösel eifrig, »den hann
i mir vor viele Johr von Ihrer
letschda Gehaltserhöhung
kauft!« – Da dreht sich der Chef
ruckartig um und sagt im gehen:
»No kennad mir bloß hoffa, daß
der nommol a baar Johr hebt!«

Der Computerverkäufer läßt
sich beim Chef einer Maschi-
nenfabrik melden und fragt
diesen, wann er endlich gedenke,
den gelieferten Computer zu
bezahlen. Da klopft der
Firmenchef energisch mit der
Hand auf seinen Schreibtisch
und ruft entrüstet: »I woiß gar
ed, was Siea wellad, von wega
zahla ond so. – Siea hend zo mir
beim Verkaufsgespräch gsagt,
daß sich diea Computer übers
Johr von selber bezahlt
machad!«

Im Büro wundern sich die Kollegen am Montagmorgen über das blaue Auge von ihrem Büroleiter. Schließlich macht dieser den drängenden Fragen nach der Ursache für das »Veilchen« ein Ende. »Also des ischd so gwäa: Noch dr Predigt geschdern en dr Kirch hod ma no des Vateronser bettad, ond grad mo mr an dera Schdell gwäa ischd: und erlöse uns von dem Bösen, hann i zuafällig zo meiner Frau nom guckad, ond des muaß dui en da falscha Hals griagt hann!«

Bärbel fiebert ihrem 18. Geburtstag entgegen. Da verkündet ihr die Mutter: »Bärbele, wenn du weiter so brav bleibschd, no griagschd von mir des goldene Kettale, wo du dir emmer so arg gwünscht hoschd.« – »Oh laß no, Mama!«, wehrt da die Bärbel bescheiden ab, »mai Chef hod scho gsagt, wenne ed brav bleib, no grieage von ihm a Brilljantakollije!«

Raimund der Feinschmecker ist bei seinem Vorgesetzten zum Essen eingeladen. Er bemerkt sofort, daß das Kochen nicht unbedingt die Stärke der Hausfrau ist. Klein ist das Stück Fleisch und ein leichtes »Gschmäckle« hat es auch. Mit Todesverachtung verzehrt der Gast seine Portion. Und eigentlich hatte er sich vorgenommen nichts zu kritisieren, doch auf die Nachfrage, wie er denn das Fleisch gefunden hätte, kann er sich nicht verkneifen zu sagen: »Ha, hald a bißale kloi für sai Alter!«

»Schorsch, wiea ald bischd jetzt eigentlich?«, will der Chef von seinem langjährigen Angestellten während einer Vesperpause wissen. »Ja, eigentlich Zwoiafuffzich!«, bekommt er zur Antwort. »Was hoißt do eigentlich?«, will der Chef wissen. »Ja also, laut Standesamt bene Achtavierzig. – Aber noch dene Stonda, mo Siea de Leut berechnad, bene mindeschdens vier Johr älter!«

Gerhard war bei einem Kollegen
zum Nachtessen eingeladen.
Seine Ehefrau mußte wegen
einer Grippe das Bett hüten.
Nachdem er das Essen ausführ-
lich gelobt hat, zieht er sein
geliebtes Zigärrle aus der Tasche
und fragt, bevor er es sich in den
Mund steckt, höflich die Dame
des Hauses, ob er denn auch
rauchen dürfe. »Ich bitte Sie«,
antwortet da die Frau des
Kollegen, »fühlad Se sich wiea
drhoim!« – Da steckt Gerhard
die Zigarre mißmutig wieder
weg und brummt: »Also, no
lasses hald!«

Unglücklich steht der Lehrling vor einem großen Berg Müslischachteln, die aus einem umgekippten Hochregal inmitten des Supermarktes stammen. Ein Kunde klopft dem jungen Mann mitleidsvoll auf die Schulter und fragt: »Hod des Ihr Chef scho mitgrieagt?« – Da nickt der an dem Unglück Schuldige betrübt und sagt: »I glaub scho, er liegt jo dronder!«

Ältere
Semester...

Die bejahrte Tante Berta hat sich entschlossen, ihre gleichaltrige Stehlampe gegen eine neue auszuwechseln. Für den Sperrmüll ist sie ihr aber doch noch zu gut. Also schleppt sie die Lampe zum nächsten Antiquitätengeschäft. Der Ladenbesitzer, ein älterer, weißhaariger Mann, blickt langsam von seiner Zeitung auf, als ihn die heftig atmende Berta fragt: »Moinad Se, daß Siea no so a alts Riaschder braucha kennad?« Da nickt der Mann eifrig und faltet seine Zeitung zusammen. »Ja freilich. – Ab Mondag könnad Se halbdags bei mir ahfanga!«

Anna Häberle feiert im Altenheim ihren 90. Geburtstag. Der Bürgermeister hält eine Rede und auch die örtliche Presse ist erschienen. Alle Anwesenden nehmen mit großer Aufmerksamkeit Anteil an dem, was die alte Dame so von sich gibt. Als sich schließlich der noch recht junge Bürgermeister mit den Worten verabschiedet: »I hoff doch sehr stark, daß i Ihne dann ao no zom 100. Geburtstag gratuliera ka!«, gibt die Jubilarin schmunzelnd zurück: »Ha i hoffs ao. – Aber Sie sehad jo no recht gsond aus!«

Die jungfräulich-schrullige
Pauline bekommt eines Tages
Anwandlungen nach einem
Mann. Sie inseriert in der
Zeitung: »Dame reiferen Alters
sehnt sich nach Wärme und
Geborgenheit.« Nach einer
Woche wird sie von ihrer
neugierigen Freundin gefragt:
»Jetzt sag, wieaviel Zuaschrifta
hoschd grieagd?« Da winkt die
Heiratswillige resigniert ab.
»Bloß oina. An Ofasetzer hod
mir an Broschbekt gschickt!«

Ein Berliner macht seinen ersten Stadtbummel in einem schwäbischen Kurort, und schließlich setzt er sich zu einem älteren Mann auf eine Parkbank. »Sagn Se mal, is det Klima hier wirklich so jut, wie det in die Prospekte steht?« »Ja freilich«, kommt sofort die Antwort zurück, »guckad Se mi a, mo i do her komma ben, hanne ed laufa kenna, ond Hoor hanne au koine aufem Kopf ghed!«, und dabei deutet der Mann auf seinen vollen Haarwuchs. »Is ja erstaunlich!«, wundert sich da der Berliner, »wie lange kuren Sie denn hier schon?« »Ach wissad Se«, erklärt da der Mann gutmütig, »i ben do gebora!«

Eine Rundfunkreporterin macht eine Umfrage im Altenheim. Schließlich kommt sie auch ins Zimmer 104. Im Lehnstuhl sitzt eine weißhaarige alte Dame mit faltenzerfurchtem Gesicht. Freundlich lächelnd fragt die Reporterin nach dem Namen. »Agnes Bäuchle.« »Darf ich fragen, wie alt Sie sind?« »Ja, des dürfed Sie, ich bin neunaachtzig!« Die Interviewerin ist begeistert und fragt weiter: »Sind Sie verheiratet?« Da haucht die Angesprochene kraftlos ins Mikrofon: »Noi, no neda!«